Indice general

Entire contents copyright © 1986 by EVAN-MOOR CORP.
Spanish Edition, © 1990 by EVAN-MOOR CORP.
18 Lower Ragsdale Drive, Monterey, CA 93940-5746

Translations by:
Liz Wolfe
Dora Ficklin

Permission is hereby granted to the individual purchaser to reproduce student materials in this book for non-commercial individual or classroom use only. Permission is not granted for school-wide, or system-wide, reproduction of materials.

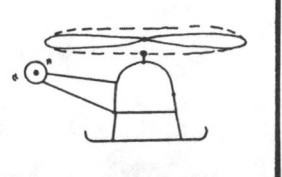

©1986 by EVAN-MOOR CORP.

Dibuja...luego, escribe

Gato

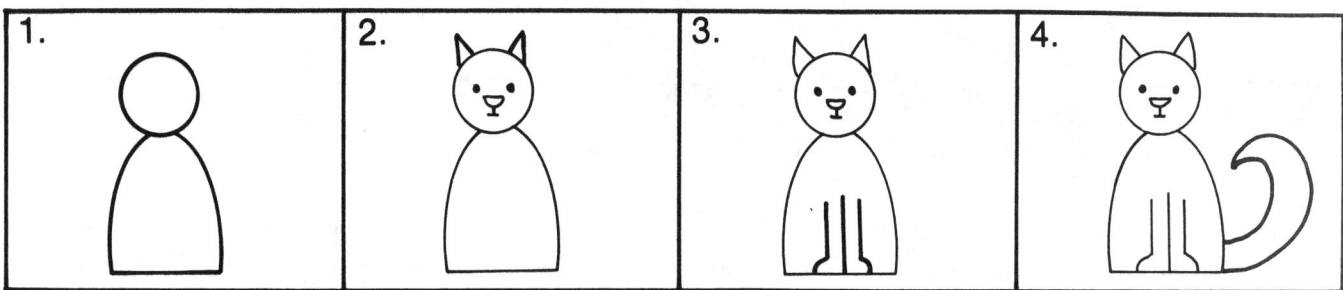

Añade: Dibuja lo que le está sucediendo al gato.
Dibuja dentro del cuadro.

Escribe:
Corta el dibujo.
Pégalo en la parte de arriba de un papel.

Inventa un cuento sobre las aventuras de un gato perdido buscando su casa.

Zorro

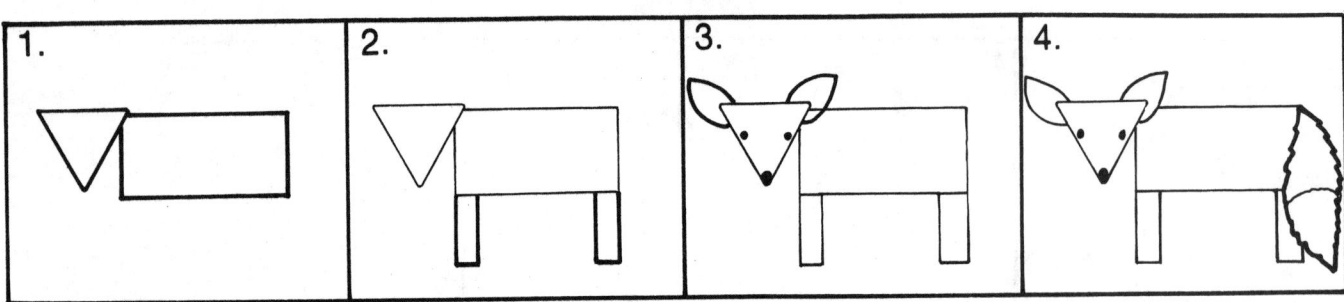

Añade: Dibuja lo que le está sucediendo al zorro.
Dibuja dentro del cuadro.

Escribe:

Corta el dibujo.
Pégalo en la parte de arriba de un papel.

Un zorro es un animal muy inteligente. Cuenta como este zorro se escapa de un cazador y sus perros.

Mono

Añade: Dibuja lo que le está sucediendo el mono.
Dibuja dentro del cuadro.

Escribe:

Corta el dibujo.
Pégalo en la parte de arriba de un papel.

Imagina que eres un mono en la selva.
Cuenta lo que harías todo el día.

León

Añade: Dibuja lo que le está sucediendo al león.
Dibuja dentro del cuadro.

Escribe:

Corta el dibujo.
Pégalo en la parte de arriba de un papel.

Imagina que eres un famoso entrenador de animales.
Escribe como atraparías y entrenarías al león.

Perro

| 1. | 2. | 3. | 4. |

Dibuja

Añade

un patio grande

una nueva casa de perro

el juguete de tu perro

Escribe

¿Quién? o ¿Qué?

¿Hizo qué?

¿Dónde?

¿Cuándo?

¿Por qué?

©1986 by EVAN-MOOR CORP.   Dibuja...luego, escribe

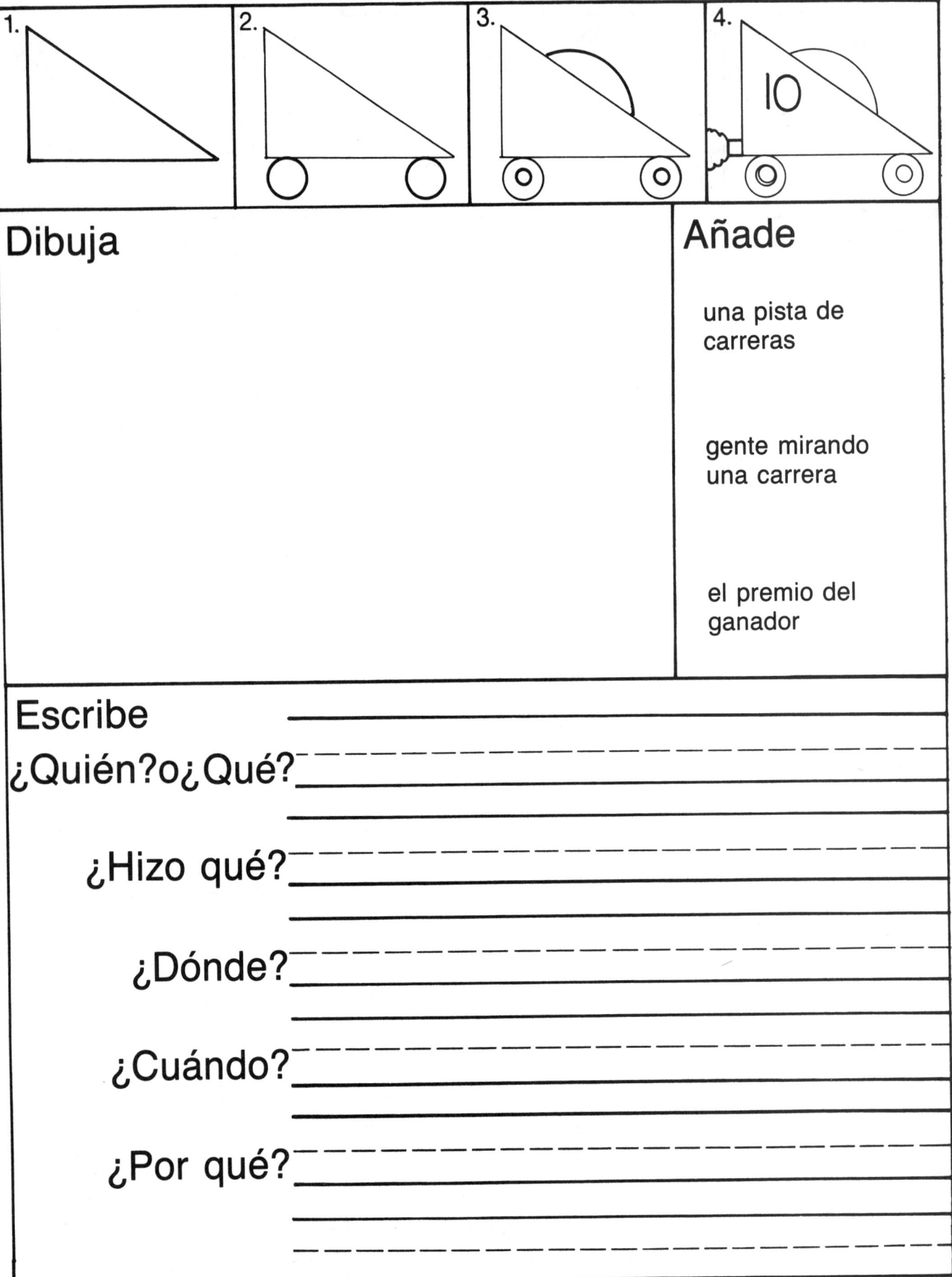

Submarino

1.	2.	3.	4.

Dibuja

Añade

el mar

plantas que viven en aguas profundas

uno o más animales de mar

Escribe

¿Quién? o ¿Qué? _____

¿Hizo qué? _____

¿Dónde? _____

¿Cuándo? _____

¿Por qué? _____

Ratoncito

1.	2.	3.	4.

Dibuja

Añade

un pedazo grande de queso

un hueco seguro para el ratoncito

un gato hambriento

Escribe

¿Quién? o ¿Qué? _____

¿Hizo qué? _____

¿Dónde? _____

¿Cuándo? _____

¿Por qué? _____

©1986 by EVAN-MOOR CORP.   Dibuja...luego, escribe

Hipopótamo

| 1. | 2. | 3. | 4. |

Dibuja

Añade

un río

un pajarito en la espalda del hipopótamo

un sol caliente en el cielo

Escribe

¿Quién? o ¿Qué? _____

¿Hizo qué? _____

¿Dónde? _____

¿Cuándo? _____

¿Por qué? _____

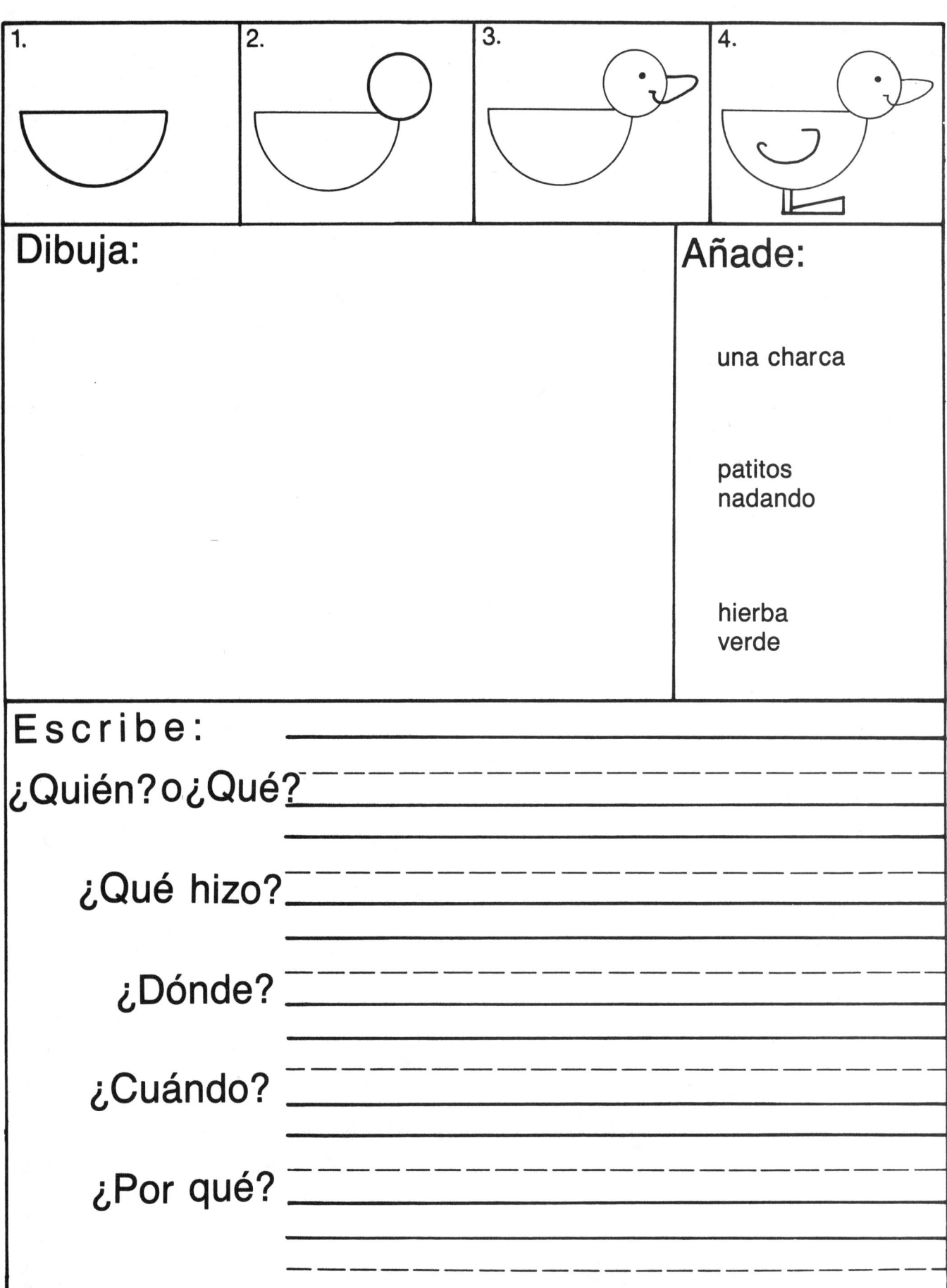

Tiburón

1.	2.	3.	4.
_____			

Dibuja

Añade

el mar

un banco de peces

alga gigante

Escribe

¿Quién? o ¿Qué? _____

¿Hizo qué? _____

¿Dónde? _____

¿Cuándo? _____

¿Por qué? _____

Conejo

1.
2.
3.
4.

Dibuja

Añade

una jaula para tu conejo

algo rico para comer

un plato para el agua

Escribe

¿Quién? o ¿Qué?

¿Hizo qué?

¿Dónde?

¿Cuándo?

¿Por qué?

Criatura del Espacio

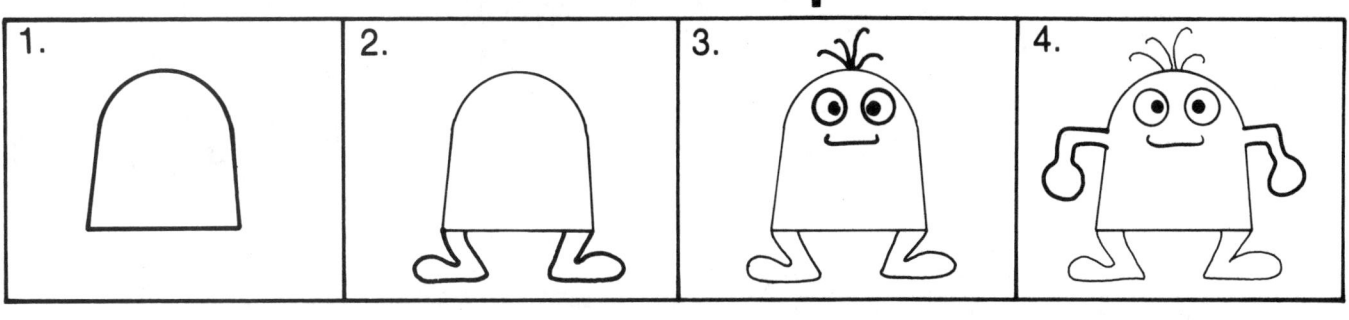

Dibuja la primera cosa que la criatura del espacio vió en la Tierra.

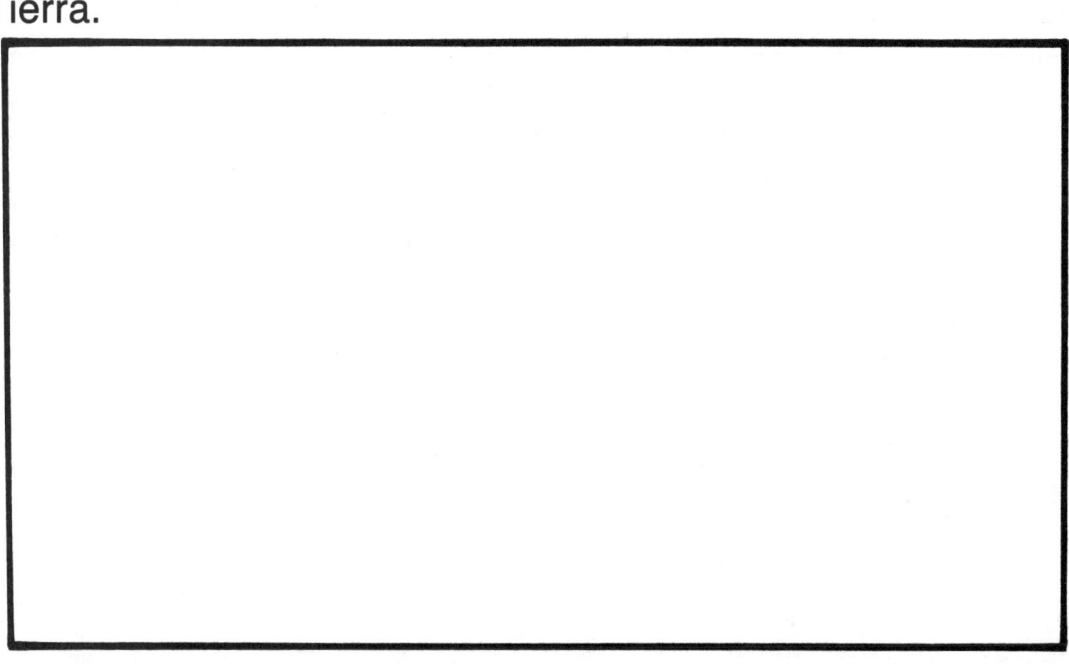

Escribe tres oraciones contando como la criatura del espacio llegó a la Tierra.

Payaso

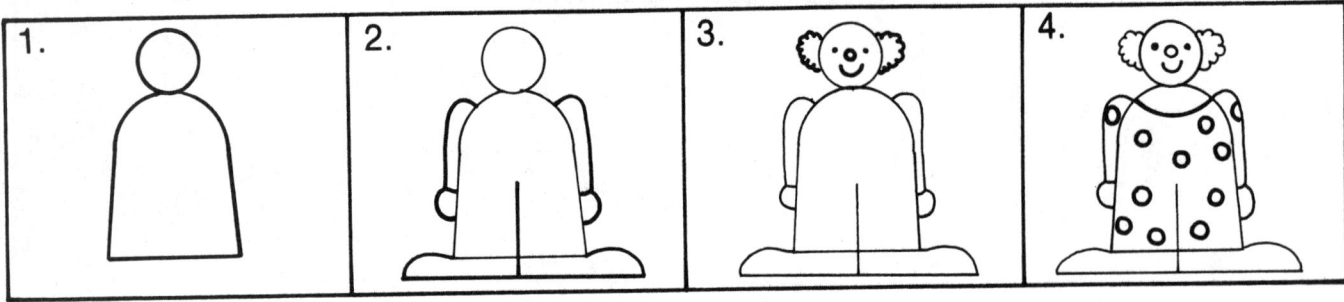

Dibuja el truco que puede hacer tu payaso.

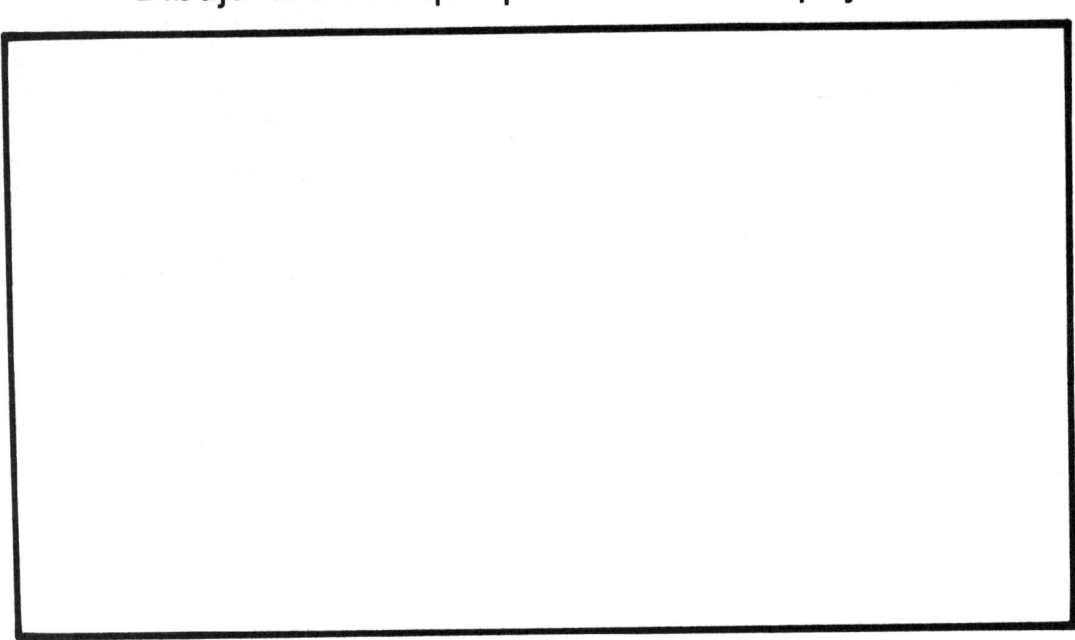

Escribe tres oraciones contando como el payaso hace reír a la gente.

Grabadora

Dibuja lo que te gusta hacer con tu grabadora.

Escribe tres oraciones contando como ganaste suficiente dinero para comprar tu grabadora.

Puerco Espín

Dibuja lo que puede pasar si un animal se choca con un pequeño puerco espín.

Escribe tres oraciones contando lo que pasa en tu dibujo.

Esquimal

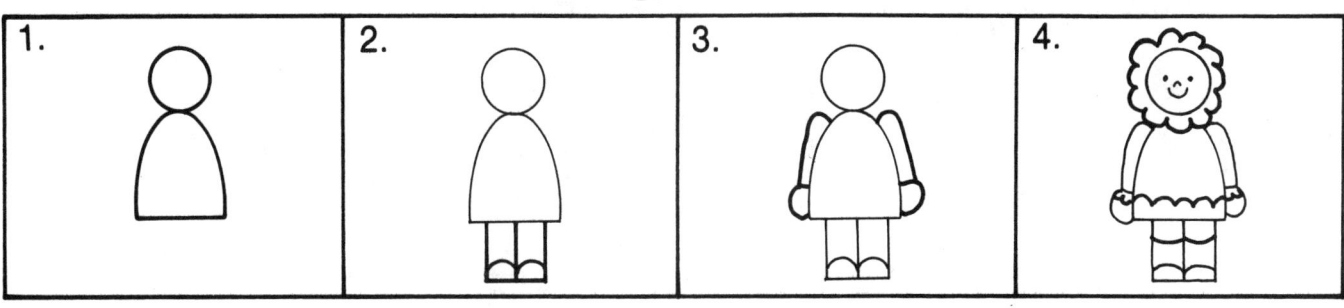

Haz un trineo para el niño esquimal.

Escribe tres oraciones contando lo que hace el niño esquimal para divertirse.

Robot

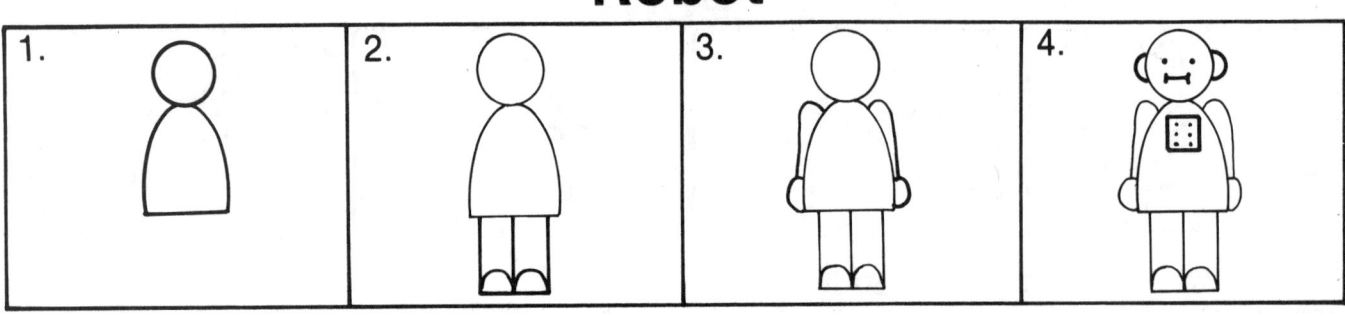

Dibuja lo que harías si dejaran un robot en la puerta de tu casa.

Escribe tres oraciones contando lo que puede hacer tu robot.

Pulpo

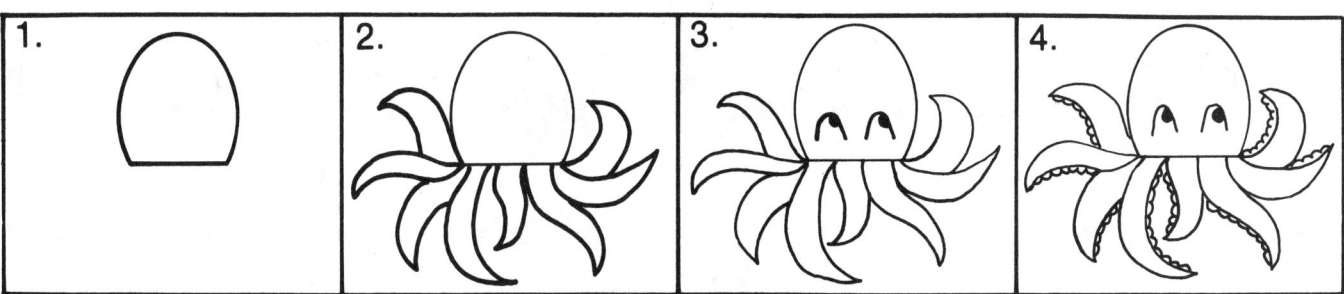

Añade: Dibuja lo que le está sucediendo el pulpo.
Dibuja dentro del cuadro.

Escribe:

Corta el dibujo.
Pégalo en la parte de arriba de un papel.

Inventa un cuento emocionante sobre lo que harías si conocieras un pulpo mientras estabas nadando.

Coala

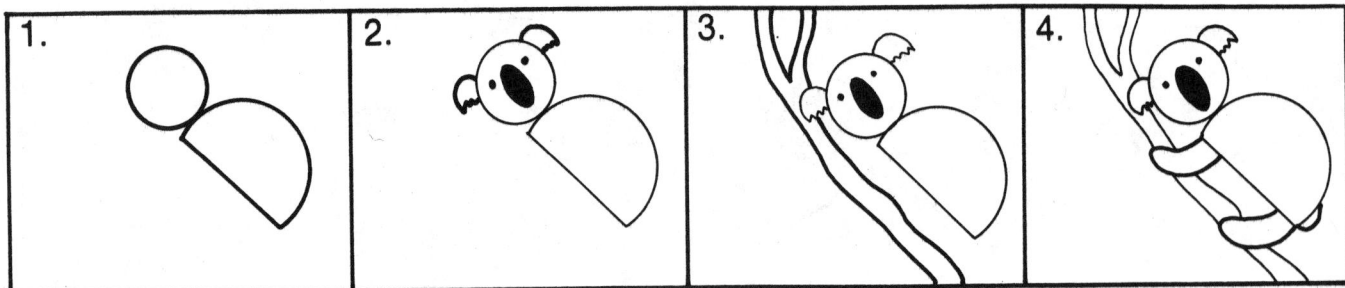

Añade: Dibuja lo que le está sucediendo al coala.
Dibuja dentro del cuadro.

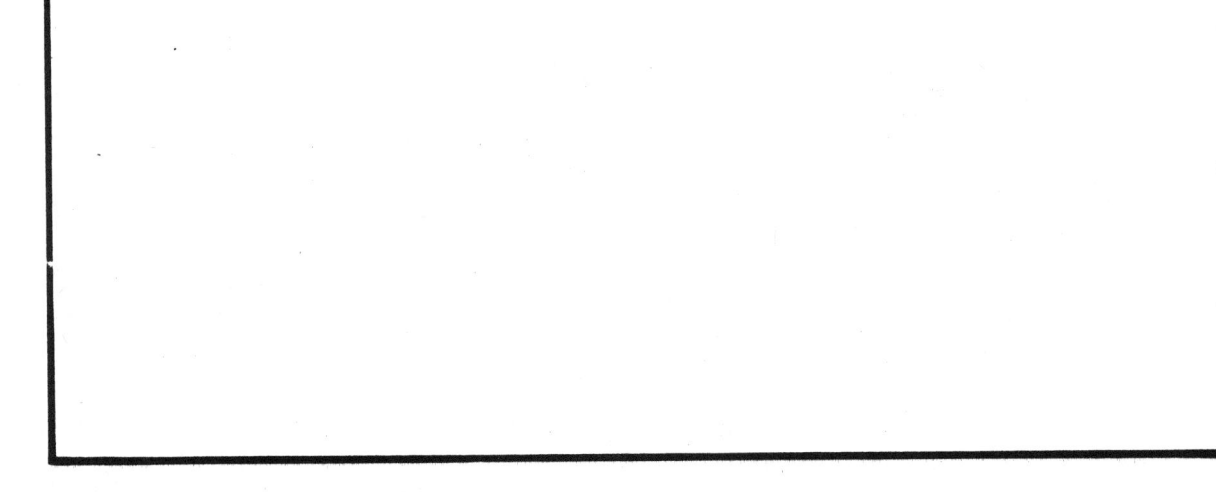

Escribe:

Corta el dibujo.
Pégalo en la parte de arriba de un papel.

Inventa una aventura sobre un coala valiente en Australia.

Nutria

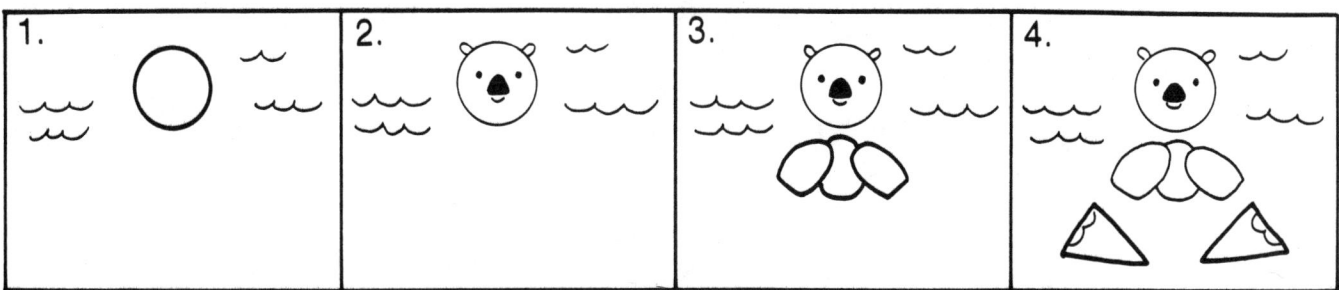

Añade: Dibuja lo que le está pasando a la nutria.
Dibuja dentro del cuadro.

Escribe:

Corta el dibujo.
Pégalo en la parte de arriba de un papel.

Inventa un cuento chistoso sobre algunas nutrias jugando.

Avion

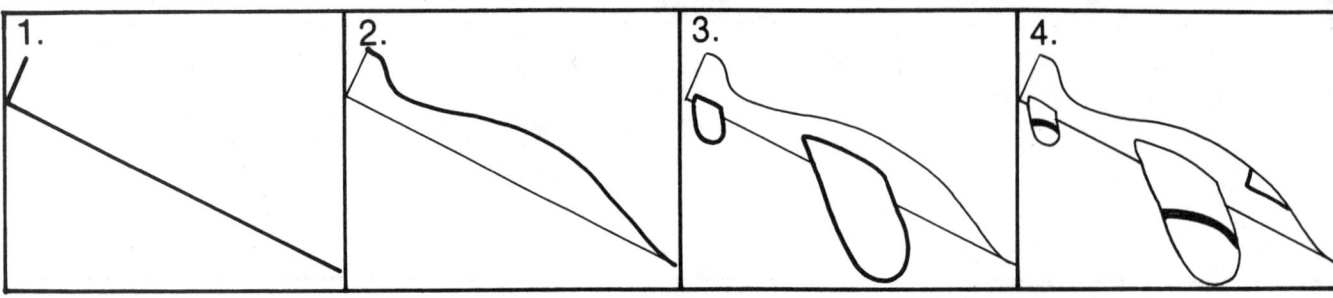

Añade: Dibuja lo que le está pasando al avión.
Dibuja dentro del cuadro.

Escribe:

Corta el dibujo.
Pégalo en la parte de arriba de un papel.

Inventa un cuento interesante sobre una jornada en el avión más rápido del mundo.

Unicornio

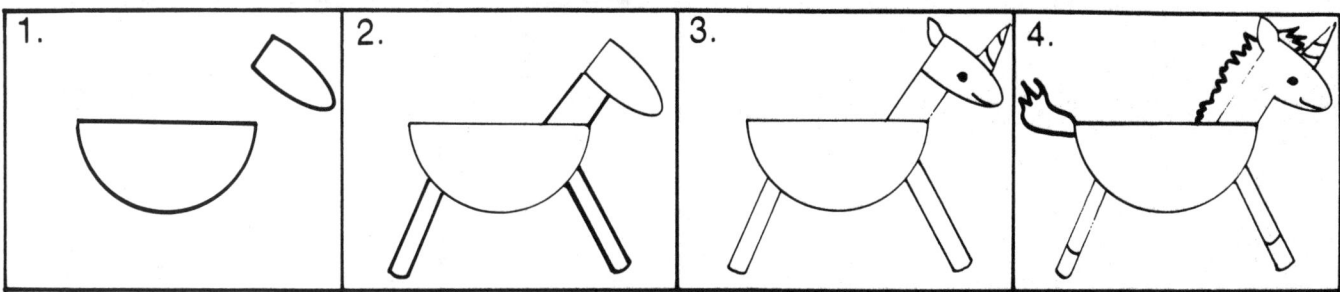

Añade: Dibuja lo que le está pasando al unicornio.
Dibuja dentro del cuadro.

Escribe:

Corta el dibujo.
Pégalo en la parte de arriba de un papel.

Inventa un cuento emocionante sobre tus intentos de atrapar un unicornio mágico.

Jugador de Beisbol

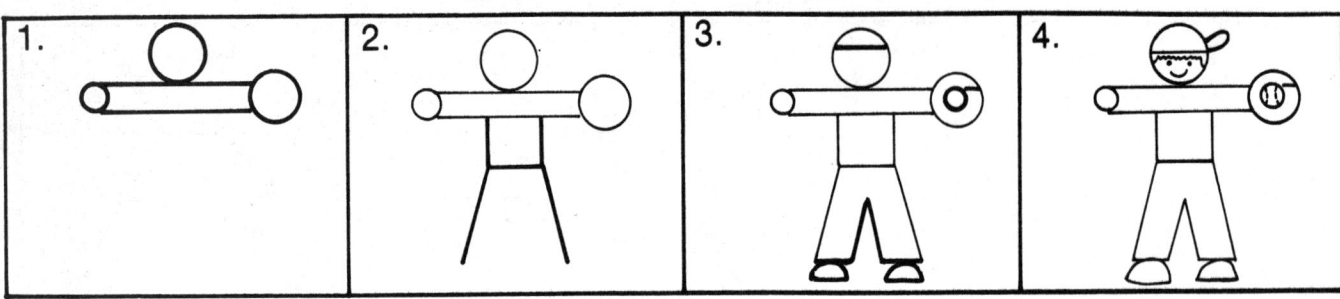

Añade: Dibuja lo que le está sucediendo al jugador de béisbol. Dibuja dentro del cuadro.

Escribe:

Corta el dibujo.
Pégalo en la parte de arriba de un papel.

Escribe un cuento sobre el mejor (o peor) jugador de béisbol del mundo.

Dragón

Añade: Dibuja lo que le está pasando al dragón.
Dibuja dentro del cuadro.

Escribe:

Corta el dibujo.
Pégalo en la parte de arriba de un papel.

Inventa una aventura emocionante sobre un dragón feroz y un _____ bravo.

Helicóptero

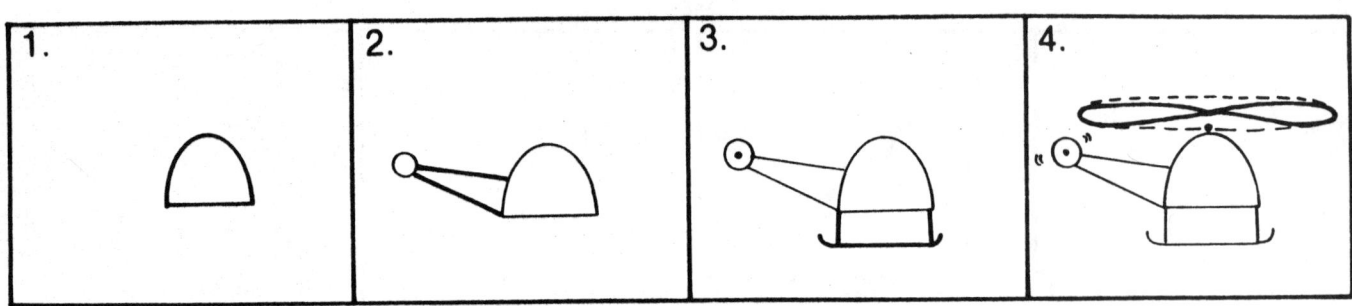

Añade: Dibuja lo que está pasando con el helicóptero.
Dibuja dentro del cuadro.

Escribe:

Corta el dibujo.
Pégalo en la parte de arriba de un papel.

Imagina que puedes manejar un helicóptero a cualquier parte del mundo. Describe tu viaje.

Kiwi

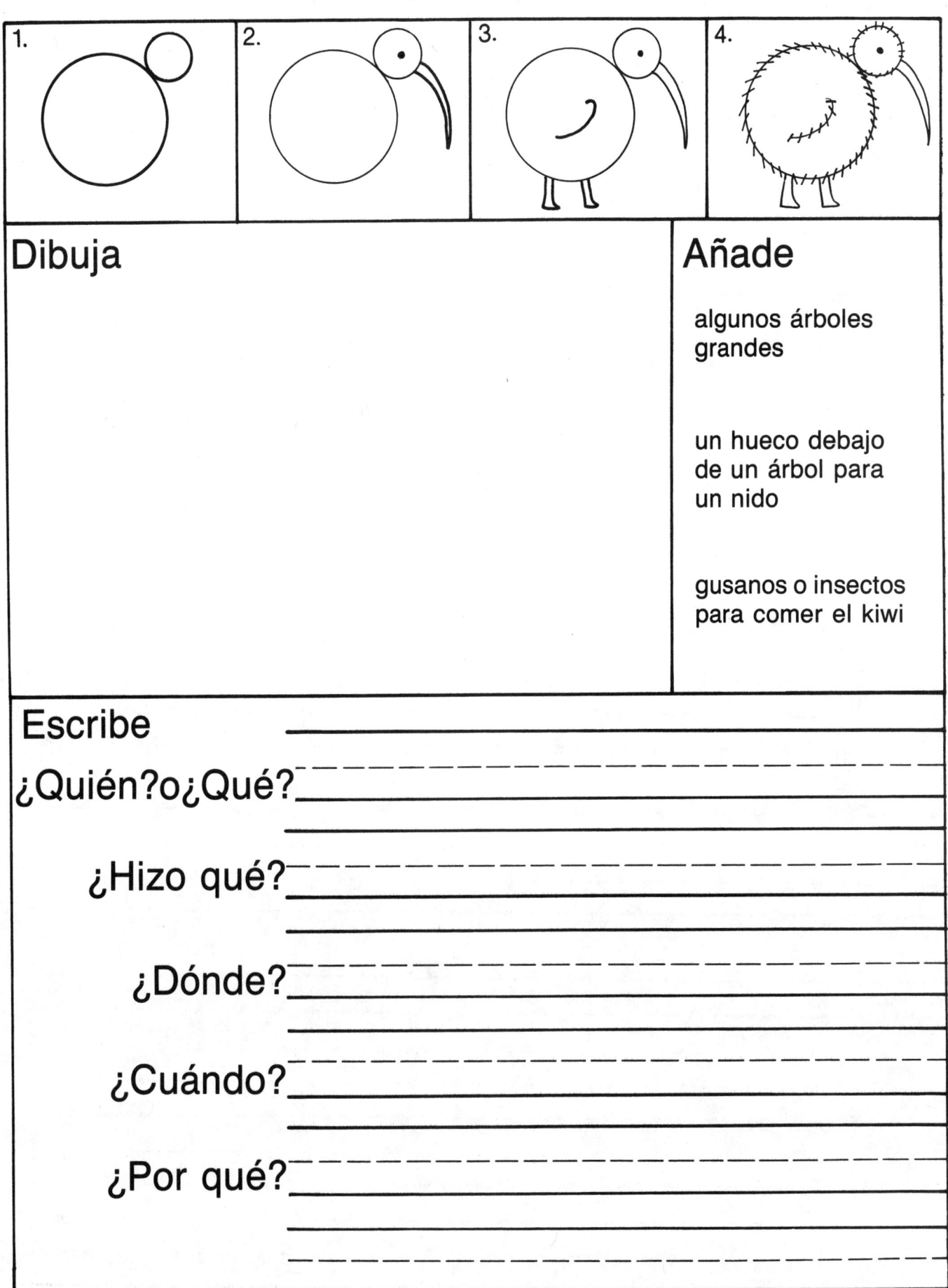

Oso

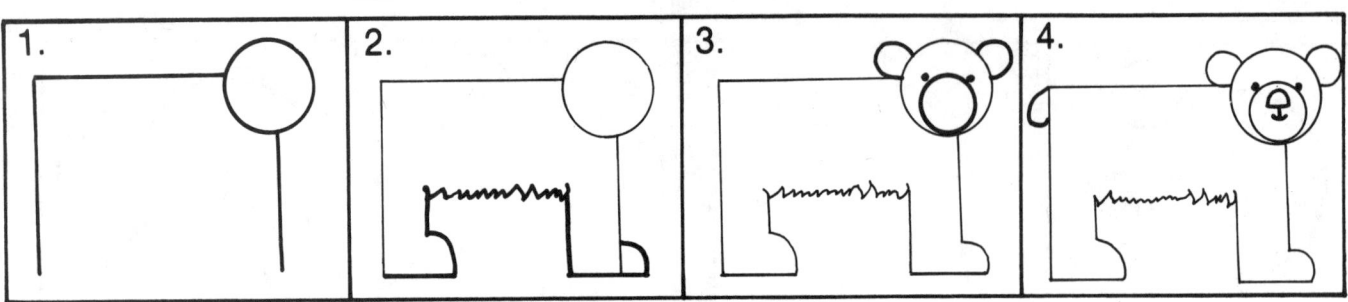

Dibuja tu oso al lado un río lleno de peces.

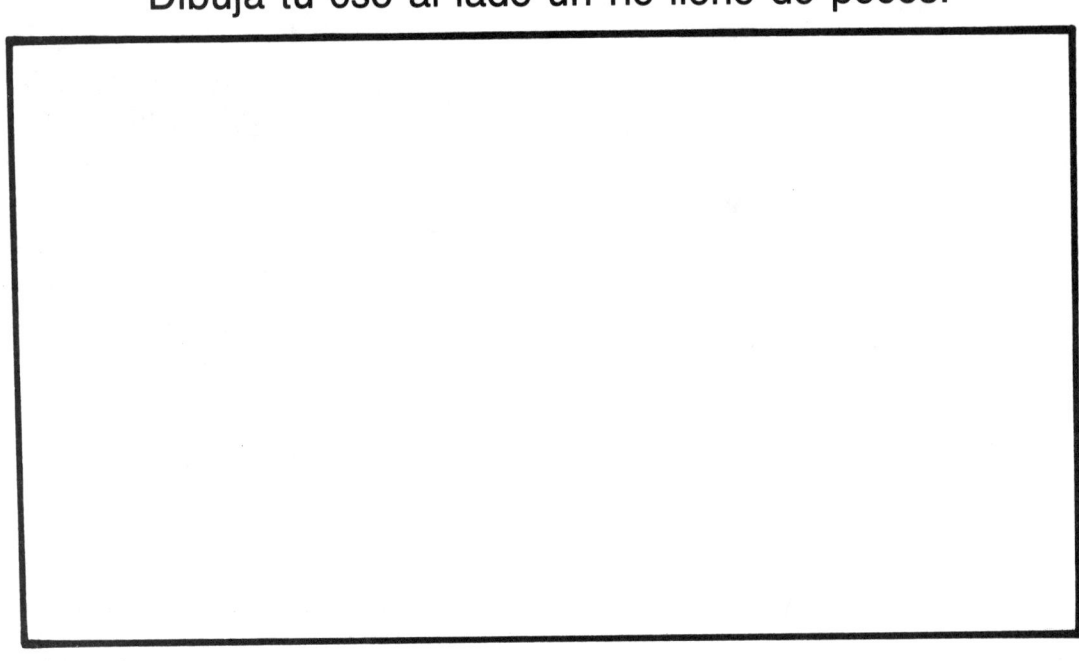

Escribe tres oraciones contando como el oso va a conseguir su cena.

Rana

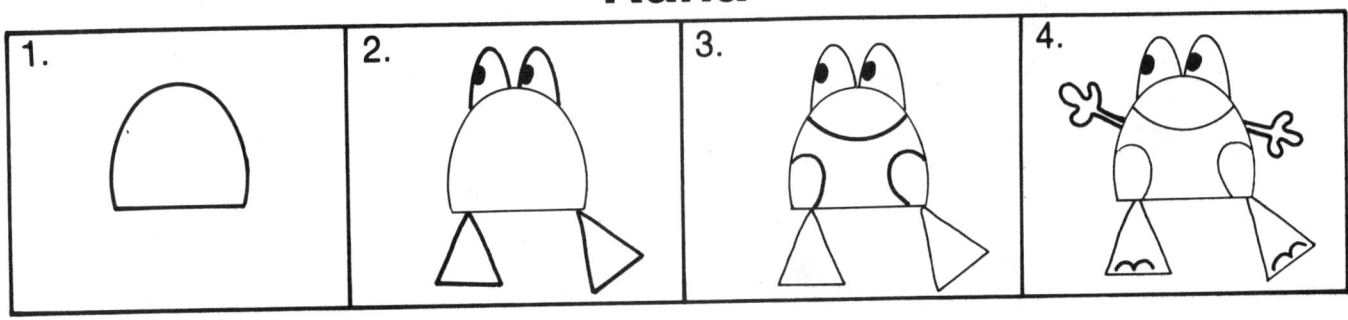

Dibuja un leño en una charca para que se siente la rana.

Escribe tres oraciones contando como atrapar a una rana brincadora.

Morsa

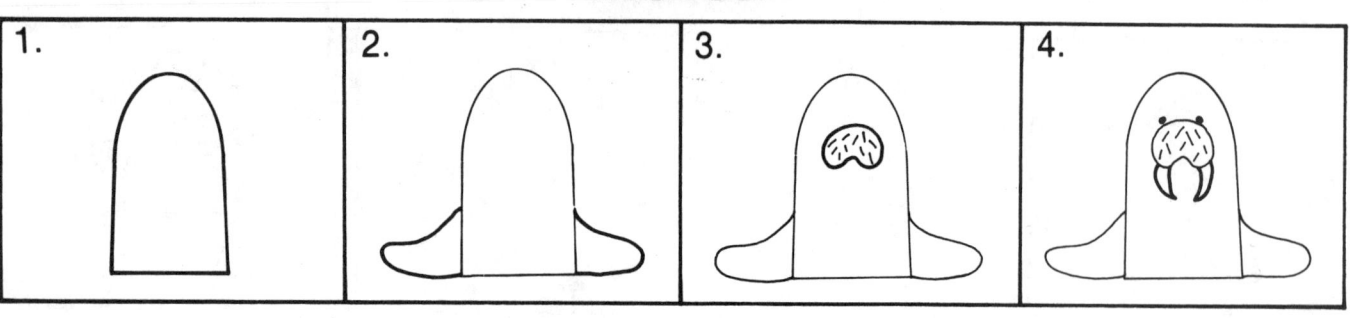

Dibuja el mar helado donde vive la morsa.

Escribe tres oraciones contando lo que haría una morsa hambrienta para conseguir comida.